OPFATTELSEN

En akademisk krimi

Jonathan Lee

© 2021 Gørtz, Kim, Sagaro Recordings & Publishing
Frontcover: Duangphorn Wiriya
Forlag: BoD – Books on Demand, København, Danmark
Tryk: BoD – Books on Demand, Norderstedt, Tyskland
ISBN: 9788743031789

INDHOLD

På vej mod Zinglehacker ... og J. Lee's exit...

Jeg tænker at de har styr på det, ser ud af de vinduer, som snart bliver lukket, jeg ved det, har jo prøvet det før, efterhånden en del gang, at flyve. Når jeg letter, føler jeg som oftest en vis indre uro, og falder rundt i drømmene om, at jeg jo dog godt må leve videre, være her lidt længere, ja, jeg bliver bekymret, når denne maskine tager mig afsted opad, langt opover, med en hastighed så høj, at det er og bliver u-naturligt.

Allerede på startbanen ved jeg, at der er et særligt punkt, hvor skroget ligesom giver sig, og jeg ved, at fra nu af, går det virkelig galt, hvis det går galt, og sveder, trækker vejret dybt, prøver at være i det, for der er jo ikke andet at gøre. Anstrengelsen ved at stole på, have tillid til, er på dette punkt og i denne relative korte periode, det eneste jeg har at holde fast i. Mit fikspunkt, og så hele denne sværm af drømme om, at jeg og alle os som sidder sammen, jo, da skal kunne noget mere. At vi har en skæbne som kræver vores livs fortsatte varighed. Jeg håber på og beder i denne angst om at bevare livet.

Og selv tanken rammer mig, om der alligevel sidder én eller flere, der sådan karmisk set har en negativ rente eller en gæld som skal betales, og at den kan slå alle os andre ud i form af et flystyrt. Den slipper jeg, og kigger op og ud, rundt i kabinen, og sådan kalibrerer og fornemmer om alting går godt. I disse stunder elsker jeg personalet, og føler at kaptajnen er der for mig, for os alle sammen, passer på os, og at hele vores menneskelige teknologiske udvikling er nået til dette område, hvor ulykker sjældent sker. Men er det nu også korrekt?

Men jeg skal ingen anden vej, end via denne tankegang, ikke dyrke undtagelsen eller statistikken, jeg øver mig i at være modig, en smule helt, at jeg kan være i denne situation, trække vejret, husker mig selv på, hvor jeg er på vej hen, og dermed hvorfor jeg sidder her på vej til Boston, nærmere bestemt Harvard. Føler mig som altid alene i denne tindåse, og netop landingen, eller indflyvningen med "the skyline", hele dette kultiverede sus i kroppen, da New York er dér gennem vinduerne, inden de lukker sig.

Egentlig er landinger knapt så forstyrrende og bekymrende for mig, at dale ned, svæve i zigzag, løfte snuden, trykke på bremsen, flapperne op, øve modstand passer nok bedre til mit gear og nervesystem, hvorimod at flyve afsted, lette, stikke opadtil, væk fra verdens trængsel og alarm, hæve mig op via en teknisk muskulatur nådigt overgivet til tilfældet, er mig klart vanskeligere. Og samtidig det, jeg søger. Altid...

Således var min tur og min indflyvning, mellemlanding, skygger af menneskelig aktivitet omkring, hele vejen, kroppe, stemmer, larm, summen, mylder, frem og tilbage, mindre skub, og ingen ligefremme henvendelser, den rejsende form for bevægelse passer mig sådan set også ganske fint, og jeg ved hvor jeg er på vej hen, og hvorfor at jeg er på vej derhen. Jeg skal til den ekstremt, interessante konference, hvor intet mindre end den verdens-anerkendte professor *und* doktor Rainer Zinglehacker skal åbne som *keynote-speaker*.

Jeg er ikke sådan helt vild med i hans psykologiske forskning, men følger ham af og til på afstand, har faktisk fuldt ham som tekst siden jeg selv begyndte at studere de mere psyko-tera-

peutiske aspekter i mit eget liv og den menneskelige tilvær-
else som sådan. Jeg overlever på et stipendiat, er selv forsker
sådan helt formelt set post.doc., professionel, får løn, skal le-
vere til samfundet, resultater, så jeg er taget afsted fra lille
Danmark og bragt henover Atlanten for at mødes med lige-
sindede forskere udi bl.a. skizofreni og andre nærmest my-
stiske, psykologiske patologier. Og denne gang er jeg blot
gæst, tilhører, deltager, en del af publikum. Glæder mig.

Ja, så jeg har ikke som sådan fået præsenteret mig, mit navn
er Jonathan Lee, jeg er uddannet psykoterapeut med en sær-
lig interesse for det filosofiske og eksistentielle, sådan lidt Ir-
win Yalom, Kierkegaard, Sartre, Nietzsche, Frankl *u know*, og
har i den senere tid haft et særligt teoretisk og praktisk blik
på det skizofrene træk, specielt i den del af den tyske (og fran-
ske) forskning, der knytter an til transcendental-filosofi, dia-
lektisk idealisme og fænomenologisk fundamental-ontologi.
Jo, og selvsagt også Foucault, Deleuze og Guattari!

Således står den på tysk grund på Kant, Hegel og Heidegger,
og netop Dr. Zinglehacker virker til at være en mester til at

omsætte disse german-filosofiske tanker til en mere terapeu-tisk praksis, hvor fokus er på spaltninger, sammenbrud og i-dentitetstab. Min egen forskning har gået den modsatte (og franske) vej, nemlig via mange års studier i, hvordan menne-sker måske overhovedet formår, at holde sammen på sig selv, hele studiet af denne undtagelse, hvor psykologiske væsner lykkes i at opretholde en form for psykologisk identitet og personlighed, når de grundlæggende samtidig og hele tiden er klar over, at de aldrig er den samme, men netop altid den/en anden. Differensen er vejen frem; modellens *crash*...

Derfor glæder jeg mig til at høre Zinglehackers nyeste *findings* og seneste studier, da de åbenbart snarere dyrker for-skellen end identiteten, og dermed graver dybt ind i smertens kløft ved at være til, og endnu dybere ind under den diskurs som fastholder at alle former for terapi sigter på heling, sam-men-voksning, ophævelse af splittelse, forsoning. Hans mere politiske og samfunds-kritiske hovedpointe er her at spore, klar og tydelig, nemlig at al identitets-interesse understøtter kapital-systemet, og forskels-interessen er en operativ funk-tion indenfor selvsamme apparatur. Helt enig!

Kort sagt er størstedelen af alle former for behandling, lige fra psykiatri over klinisk psykologi til den mangefacetterede psyko-terapeutiske branche og praksis grundlæggende set intet andet end kapitalens lakajer. Således glæder jeg mig til hans indlæg på konferencen, høre om hvad han har fundet frem til, og også bare at opleve ham, diskutere, møde ligesindede og nysgerrige psykologer og terapeuter samt filosoffer fra hele kloden, og så endda på Harvard. *Great!*

Jeg ved at han har tænkt sig at gennemgå en specifik case, som går under betegnelsen: "*Aluquid*-syndromet alias HIB-syndromet", hvis perspektiver forekommer mangfoldige. Af det tekst-uddrag vi som konference-deltagere har fået mulighed for at læse, fremgår det, at det kredser om en familiær situation, og om en pige ved navn Barbara, der slugte en skakbrik (en sort bonde), da hun som barn i en alder af 7-8 år spillede skak med sin tvillingebror, hvis identitet og navn åbenbart er behæftet med en vis tvivl, men bærer det tekniske kaldenavn: "C. Falkenberg-Berkowich".

En klinisk psyko-filosofisk fremstilling af casen
Åbningen ved Professor Zinglehacker

Med åbningsspørgsmålet: "Hvordan ved vi, at vi er her?", blev der lagt relativt hårdt ud, hvilket forbløffede mig på flere måder, dels fordi kriteriet for at vide at man som menneske, eksisterer, når man gør det, både har en slet skjult og indirekte reminiscens til Descartes, og dels fordi det rammer dybt i ens egen væren, og dels fordi det kom bag på mig, at man således kunne starte relativt filosofisk op og ud på Harvard. Men hvis nogen skulle gøre dette, var det selveste Rainer Zinglehacker.

Han var nået langt, og det glædede mig flerdobbelt, fordi det vidnede om at det kunne lade sig gøre, vidnede om at det stadig var muligt i et spillerum, som synes stadigt at blive mindre, og mere og mere frafaldende. Jeg var således med fra starten af, befandt mig på 2-3 tredje række på Harvard i Boston, var nærmest lykkelig, spejdede omkring, og så at salen nærmest var fuld. Således omtrent 50 mennesker sad tæt og var klar, og Dr. Zinglehacker, lille af statur, sort skæg med et mindre strejf af gråt anlæg, sådan lidt svedig og krusset hår, briller, på mange måder tæt og skarp samtidig, og man tænkte måske sit, at man ikke ville kaldes op og havne i stolen ved siden af ham; han var klar. Han var på! ... Var vi?

Der var ligesom noget "encounter" over ham, sådan noget Perls, direkte og koncentreret, lige på, og det overraskede da heller ikke, at han ikke brugte slides eller powerpoint, men snarere gjorde brug af kridt og tuscher. Ekstremt gestikulerende, da han endelig kom i gang, og samtidig tæt på sit podie, sine noter, hvilket vel kort sagt bestod af patientens anamnese, nemlig casen, den selvberettende, syge-historie: "Opdagelsen" og "Opkaldet" af "C. Falkenberg/Berkowich".

Og på disse stolte steder, hvor LSD-eksperimenter måske som bekendt havde fundet sted, og alskens andre mere psykologiske forsøg i stor stil, var sket, sad jeg nu dér, og overværede et menneske, som jeg helt og aldeles overlod min sjæl til. Jeg vil aldrig kunne gengive præcis, hvad der blev fortalt, hvad han sagde, men vist nok trængte alt ind, og det var som om at hele min opfattelse undergik en decideret transformation. Hvad var normalt, hvad var sygt, lidelsesfuldt og sundt? Jeg og måske vi blev slynget rundt; helt centrifugalt...

Og samtidig blev jeg på intet tidspunkt forvirret, alt hang sammen, og jeg greb da også mig selv, med min relativt sparsomme psyko-terapeutiske selvindsigt i lige at undersøge og delvis konstatere idealiseringer, faderlighed, og mit nok så kendetegnende fravær af sund fornuft og akademisk, kritisk sans; jeg var med andre ord solgt; helt og aldeles til fals for Dr. Zinglehackers fremstilling af denne case: "HIB-syndromet". Og med de 2 timer forelæsningen tog, var der helt stille, intenst og høj grad af nærvær, afsluttet med gigantisk og stående klapsalver. Alle var rørte ... ingen tvivl om det. Alle rørt.

Og denne underlige fornemmelse af at forlade salen; konferencen var begyndt, og stimle sammen og rundt omkring ude på *campus*, i mellemrummene, korridorene, toiletterne, langs krogene, og sådan mumle lidt sammen, smile forsigtigt, hilse, vende et blik, var sært, som om at det var helt ude af normal gabende kedelig akademisk lir og positionering. Alle var uden tvivl vilde med ham, og hele emnet; vi var her sammen,

sammen med mesteren, og alle glædede sig uden skepsis til eftermiddagens og de kommende dages sessioner, refleksioner og diskussioner. Og mon vi kunne holde niveauet?

Der var lagt op til et tre-dages program, således med selveste Dr. Zinglehackers åbning, og sikke en revne, dernæst sessioner i tematisk form i grupper og plenum. Dag nummer to skulle åbenbart sigte efter forskellige gruppers erfaringer og lignende oplevelser, hvor en del højt-stående akademikere, udover Dr. Zinglehacker selv, ville være tilstede i plenumrummet, og fremlægge sine vinkler på sagen, og sidste dag ville overvejende se ud til at handle om perspektiveringer og spørgsmål til mesteren. Vild med programmet.

Og gad vide hvem de andre var, jeg så adskillige kulturer og verdens-dele repræsenteret; asiater, afrikanere, mellem-østlige folkeslag, syd-amerikanere og hele det angelsaksiske spor samt kontinental-europæiske udtryk. Hele verden var mødt op! Hvorfor? Hvorfor var dette så vigtigt?

Og der var allerede historier ude at gå omkring forskellige former for terapeutiske skoler og positioner, allerede en vis opstand og revolte havde været at spore ved indgangen; hele det psykiatriske forbund og lægemiddelindustrien var repræsenteret, sågar forretningsorienterede erhvervs-psykologer og lignende syntes at være nysgerrige på, om de mon endnu engang kunne slå merkantil plat på disse indsigter, modeller og pointer, ja, jeg fandt endog en del foldere i møde-salen og foyeren, hvor specielt: "Erhvervsfilosofisk ledelses-terapi. En simpel pjece til fundamental forandring" skinnede mig i øjnene. Og ellers cirkulerede noter som disse:

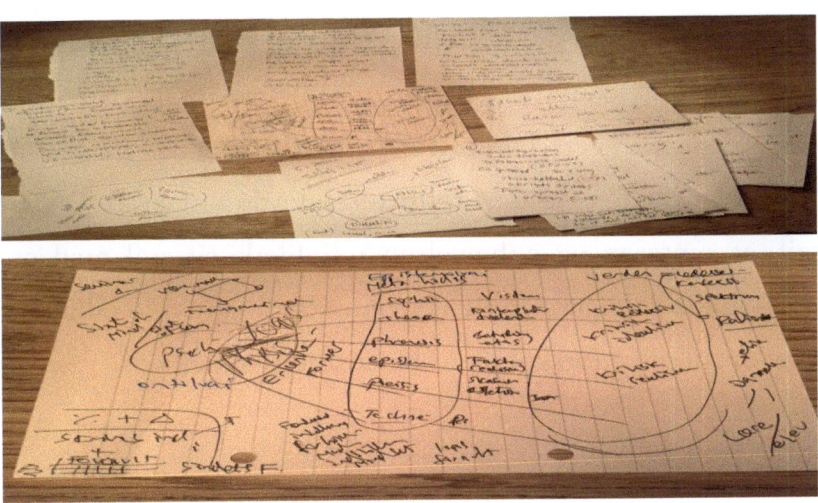

Så, hvordan kan man sige det, hvordan kan man forklare dels det forhold som Dr. Zinglehacker præsenterede, og dels de oplevelser som indtræf i plenum-salen, i gruppe-sessionerne og generelt i de værende erfarings-processer på *campus* og de omkringliggende miljøer? Lad mig prøve; centralt var hele tilstanden af den totale overgivelse til den kosmiske symfoni, en altopslugende universel identitet, som en art total form for det samme's organisme, hvor alle lyde, gestikker, ja, bevægelser og opfattelser heraf og heri udsprang og udspinger af ét og samme væsen, nemlig; *"Aluquid"*.

Således måtte 'sjælen' dukke op som tema, og hele eftermiddagen på dag 1, og den efterfølgende dag 2, kredsede ind og ud af perspektiver fra selveste Aristoteles, Kant, Hegel og Husserl (Heideggers lærermester), hvilket således gjorde at ikke bare pligten og den reflekterende dømmekraft kom i spil, at syntesen og ophævelsen udfoldede sit spil med os konference-deltagere samt ikke mindst at intentionaliteten drev os rundt på forskningens bevidstheds-skueplads.

"*It is inspired from all the good, greek-stuff*", som det blev formuleret igen og igen, dvs. psyché, logos/physis, meta-hodos; techne, poeisis, episteme, theoria, phronesis & sophia; orexis, ousia, thaumazein ...*u name it*: men også respekten og interessen for det mellemøstlige anlæg, sufismen, hele det asiatiske apparatur udi yoga-systemer og meditations-tek-nikker, åndedræts-øvelser, og ikke mindst sydamerikansk shamanisme tog fart, og vi tog med, i den fart, på langfart...

Og den lille pjece om *therapeia* som jeg havde fundet, trak åbenlyse inspirationer fra (og i): 1) Overfladen (Dr. Deleuze & F. Guattari), 2) Eksistensen (Dr. Kierkegaard & Hr. Nietzsche), 3) Tilsynekomsten (Dr. Husserl und Dr. Heidegger), 4) Dia-lektikken (Dr. Kant und Dr. Hegel), 5) Diskursive sub-ver-sioner (Dr. Foucault & Dr. Derrida), og i alle de grupper, som jeg i det mindste, nåede at være en del af, opstod der konstant dialoger omkring disse tre *Psyché-oikos'* (psyko-nomier):

1) Refleksions- & vidensøkonomien (*the state of mind*)
2) Værens- og oplevelsesøkonomien (*the state of being*)
3) Transformations- og skizoøkonomien (*the state of becoming*)

Familieterapeutiske bud og metafysisk gennemgranskning
Og mens vi sad derude på andendagens sessioner og diskuterede Dr. Zinglehackers pointer og *findings* samt mulige perspektiver, slog det mig pludselig, langt hjemmefra, og alligevel så meget hjemme som jeg kunne være og blive, at jeg nok engang savnede mine venner, og igen, i samme bevægelse slog det mig, at det jo aldrig kan og vil være *mine* venner, fordi venner ikke kan være "mine", og dermed aldrig kan og skal komme i nærheden af nogle former for ejendomsret.

Ikke desto mindre følte jeg mig helt og aldeles ramt af en sær følelse af savn og hjemkomst ... endnu engang.

Der var alle disse refleksioner og samtaler i og omkring 'sjælen' og 'terapi' som fx psykens helbredelse, tjenst-villigheden samt hele pointen omkring at denne *case* ikke kan forliges med hverken personlighedspsykologi, følelsesliv, vanskelighederne ved selvforståelsen, adfærdspsykologi og psykiatri, men snarere må funderes i psyken som et livs-princip (*bio's*) og *metem-psykosen* ... sjæle-vandringen.

Og jeg mindedes Poul og Karsten hjemmefra Danmark:

"Sjælen er en bevægende kraft og den praktiske fornuft fører til handling, den sætter formål for sine handlinger", som de en gang fortalte mig ... og andre. Hele ideen om en lavere og højere tænkning slog mig, alt imens de tvær-globale refleksioner stak afsted; en hvilende og passiv bevidstheds-tilstand, modtagelsen og sensitiviteten; intuitionen, den skuende aktivitet, prægningen af stoffet og åbenbaringen af de højeste principper og værensformer, netop "når det tænkende bliver ét med det tænkte". *Unio Mystica...*

Og hvor "begrebet forsones med virkeligheden" sådan lidt a la Hegel ... og Samadhi-tilstanden ... eller Satori-oplevelsen.

Det var som om at Dr. Zinglehackers position og pespektiver på casen omkring "HIB-syndromet" muliggjorde en del refleksioner om, hvordan mennesker kan leve de bedste liv sammen, og alt hvad jeg ærlig talt husker fra gruppe-sessionerne udgør grundlæggende set disse tre skitser og billeder:

17

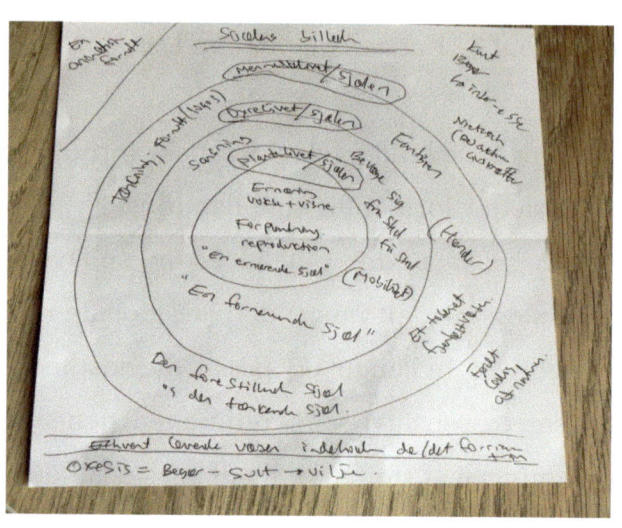

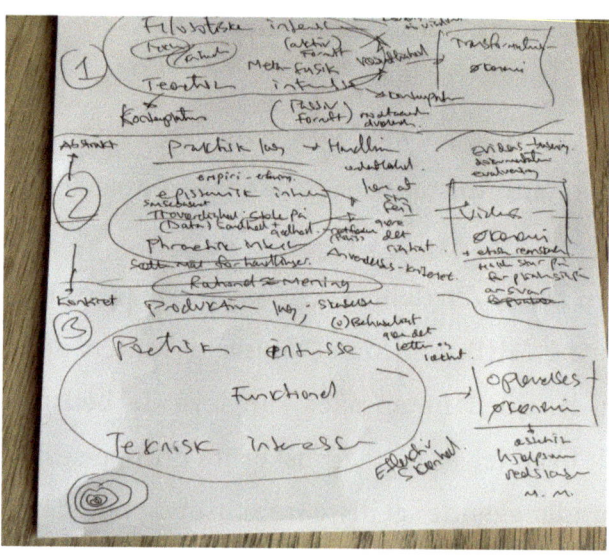

Physis   praxis   Logos
praxis   Form 1-3   Form 4-6

Først Sans	Techne	Poesis	Phrones	Episteme	Theoria	Sophia
Føle						
Høre						
Smage						
Lugte						
Se						

154

Mødeformer by

Sjælens-helhed.
En integreret
tænkning.
At forstå
de seks
dikotomier
ost: er
terapien.

Simulationer
Meta – hodos

Logo – terapi i Frankl
tankefæls-terapi
Ikke en kognitiv terapi.

... og hvad angår sidste billede, stak det afsted om efter-middagen på andendagen, da de respektive 5 grupper skulle samles i plenum og reflektere over deres vinkler på sagen, casen: "HIB-syndromet". Jeg var lutter øre, og stadig noget i tvivl om, hvad der mon kunne være det rigtige, således forstået; hvad drejede alt det her sig egentlig om; hvem var C. Falkenberg/Berkowich, og hvor blev Dr. Zinglehacker af, hvor havde han hele historien fra ... der var selvsagt perioder, hvor jeg nok engang identificerede mig med det hele...

Gruppe 1, og det var nok tilfældigt, at det var dem, der først skulle fremstille deres "resultater" og synspunkter i plenum, havde valgt at opfatte hele casen fra en art "overfladens filo-

19

sofi", som de kaldte det, nemlig med særligt forkus på, dét, de kaldte: "Dér, hvor meningen sker og betydningen opstår".

Dette perspektiv fra gruppe I trak tankegods fra den franske filosof, Gilles Deleuze (1925-1995) og specielt inddrog de nogle temaer og en tænkning fra hans bog: "Meningens logik" (1969). I denne bog, der i udgangspunktet jo er en litterær-filosofisk analyse af Lewis Carrols: "Alice i eventyrland", kredser Deleuze omkring, hvordan 'overfladen' er stedet, hvor meningen dannes og udfolder sig, at overfladen både kan være porøs og en spænding.

Og det er netop i og på overfladen, var gruppe I's pointe, at ordet og materialet mødes, hvor sproget og tingene brydes. Med inspiration fra den stoiske filosofi markerer de (og Deleuze) samtidig dette sted, dette plan, denne linje som vismandens og humorens udtryk; dér, hvor vrøvlet er produktivt, miraklet indtræffer, begivenheden sker ... og vi med den. "Jeg'et forsvinder", som de sagde, og "åbner sig ved overfladen", som det hedder. Jeg forstod det således at det er på overfladen at vi mennesker ikke går under, at vi ikke forsvinder i dybderne og angstens sugende bundløshed, og vi stiger heller ikke til vejrs, som de sagde, i den maniske og abstrakte refleksion.

Dette perspektiv mindede os alle om, hvor vigtigt det er, at være lige dér, hvor vi hverken falder i eller stiger op i tankernes tynde luftlag. Vi lærer, med andre ord, at blive til i overfladen; hvilket er et perspektiv vi, ifølge Dr. Zinglehacker, vil træne og øve os i at være i på tredjedagen, dvs. i morgen. Hvilket satte en ekstra spænding i mig.

Gruppe 2 stod for "Eksistensens filosofi", og havde valgt at fokusere på tematikken: "Om at finde sig selv, mestre livet, og ikke mindst vælge det vigtige og det rigtige." Det viste sig at dette perspektiv trak tankegods fra de vel nok tre mest dominerende eksistens-filosoffer i de sidste 200 år indenfor den vestlige kultur-kreds, nemlig S. Kierkegaard (1813-1855), F. Nietzsche (1844-1900) og J. P. Sartre (1905-1980).

Det er klart, tænkte vel alle på Harvard den dag, at der er en del andre varianter ind og ud af dette område og perspektiv som fx A. Camus, V. Frankl samt G. Marcel, som også rammer ind i den eksistentielle psykologi med bl.a I. Yalom, E. Spinelli og E. van Deurzen.

Og hele dette perspektiv satte gruppe 2 i forhold til at sigte efter en række grundlæggende menneskelige vilkår som fx meningsløshed, ensomhed, livs- og dødsangst, frihed og valg, m.m. Således, syntes de, var det oplagt med dette perspektiv i kombinationen mellem psykoterapi og filosofi, og at også dette brydningsfelt, er det der er mest betrådt og udforsket, her i forsøget på et mindre resumé fra konferencen.

Af sådan mere fundamentale spørgsmål, som de kom op med i forhold til casen, var fx; hvad vil det sige at eksistere, og at eksistere som et mig, med den ekstra pointe at det formentlig er en undren alle mennesker kommer omkring i deres liv; og hvad vil der ske, når livet slutter?

Det virkede til at alle i salen betragtede dette som vedkommende og interessante tilværelsesorienterede spørgsmål, stemninger og refleksioner som kan gøre casen til genstand og et ligefrem banebrydende emne indenfor en psyko-tera-peutisk praksis, og samtidig relevant at udforske hvad det vil sige, at nære kærlighed til indsigt (jvf. det græske; *"philo-sophia"*) ved at eksistere som menneske.

"Hvordan er det muligt at finde sig selv (Jvf. Kierkegaard), mestre livet (Jvf. Nietzsche) og vælge med friheden som det højeste projekt (Jvf. Sartre)?", som Dr. Zinglehacker spørgende tilføjede.

Den tredje gruppe, som jeg var en del af, endte op med at fremstille en art "tilsynekomstens filosofi", dvs. med fokus på at være i det, der sker med så høj grad af sensitivitet og for-domsfrihed som muligt. Formentlig fordi vi oplevede en o-vervejende og overdreven fokus på vestlig tænkning.

Dette perspektiv trak tankegods fra den store fæno-meno-logiske bevægelse op gennem 1900-tallets kontinental-filo-sofi, med så prominente tænkere som E. Husserl, M. Hei-degger, M. Merlau-Ponty og E. Levinas: det gælder for dem alle, og for den fænomenologiske filosofi og tænkning som helhed, at der bliver udfoldet og styrket en højere grad af sanselighed og samtidig logisk stringens, specielt hvad angår fire vigtige temaer, som vi på sammenfattende vis i gruppe 3 præsenterede med stolthed overfor alle i salen ... og Dr. Zinglehacker, nemlig;

1) bevidstheden

2) væren

3) kroppen

4) den anden.

Og vi uddybede; "som fx gestalt-terapiens grundlægger F. Perls, og for den sags skyld, R. D. Laing, er inde på, så sigter dette perspektiv efter, at være og komme tilstede og udforske den subjektive erfaring og dermed individuelle oplevelses-sfære." Vores pointe hermed i gruppe 3 var at spørgsmål til casen dermed gennemgående kan/kunne være:

- hvordan kommer det pågældende emne til syne?
- hvordan viser det sig for den iagttagende?

Det handler med andre ord om at kunne dvæle ved det vigtige og at kunne være i nærheden af det betydningsfulde. Og her nærmest jublede salen ... stiltiende. "Således kan en fænomenologisk inspireret psyko-terapeutisk praksis", fortsatte vi, "gøre god gavn af de metoder som de nævnte filosoffer udvikler, samt komme de temaer som de dyrker nærmere", og herved skrev vi følgende op (med småt);

1) bevidsthedens selvobservationer og intentionalitet
2) øvelsen i bare at være og lytte til det væsentlige
3) opleve og mærke kroppens indre liv og møde med omverden
4) at gå den anden uendeligt i møde, uden at tingsliggøre vedkommende.

Her rejste Dr. Zinglehacker sig op og klappede, smilede og sagde: "tak". Var man lige stolt her eller hvad?

Gruppe 4 var sådan set på tysk hjemmebane (også selvom at hele fænomenologien, dvs. gruppe 3, dér, hvor jeg var med var og er rimelig tysk i sin grundstamme), da de fremlagde: "dialektikkens filosofi" med særligt fokus på synteser, ophævelser og begrebernes bristepunkter. I det hele taget lykkedes det meget godt at få præsenteret dette i et angelsaksisk miljø a la Harvard, som trak tankegods fra de tyske filosoffer; I. Kant og G. W. F. Hegel, der som oftest har været udskældt for at være for højtravende i deres tænkning, dvs. for abstrakte og uforståelige.

Det lykkedes med andre ord gruppe 4 at servere en sådan transcendental og dialektisk inspireret tænkning i den psykoterapeutiske praksis for resten af salen, ved at vise hvordan den gøre gavn gennem en række logiske, kognitive og mentale manøvrer, der kan få klienter, o.lign. i gang med at tænke over meningen med deres respektive udfordring, situation og/eller kompleks på et mere reflekteret og dermed emotionelt set distanceret plan. Folk klappede ligefrem...

"Således", sagde de, "kan denne filosofiske tænkning supplere og understøtte med en del teknikker og metodiske greb til den i øvrigt velfungerende meta-kognitive terapipraksis, gennem at løfte tanken bort fra smerter og følelsesmæssig mistrivsel, og derigennem skabe mere nøgtern klarhed og stringent overblik på baggrund af hvilken et tydeligere fokus kan etableres." Salen var jublende...

Og Dr. Zinglehacker rejste sig igen og spurgte om de havde nogle spørgsmål man kunne bruge i terapien (et godt tegn). Gruppen replikerede ved følgende:

Hvad vil være fornuftigt at tænke?
Hvilke forskelle kan eller skal det komme til at gøre?

Og de blev uddybende ved: "Dette er spørgsmål som er ganske åbenlyse og samtidig virkningsfulde." Og salen blev klar over at den dialektiske filosofi således lægger op til at styrke det begrebslige arbejde i den terapeutiske praksis, og samtidig muliggør at man kommer til at indse, hvordan begreber uværgeligt er vævet ind og ud af ens liv med de konsekvenser det har.

Den sidste gruppe, dvs. nummer 5, var ganske frankofile, og kaldte deres tilbagemelding for: "Magtens og omvæltningens filosofi", med særligt fokus på at søge, dyrke og udforske brydningspunkter i den terapeutiske samtalepraksis. Folk var spændte i salen, og det viste sig at dette perspektiv (ikke overraskende) trak inspiration fra den franske filosof; M.

Foucault, og J. Derrida, og dermed den tænkning, som af-stedkommer herfra, hvor bl.a. M. White formentlig er mest kendt og aktuel, specielt indenfor den narrative terapi.

Imidlertid, som gruppe 5 påpegede, kan denne interesse som Foucault kredser omkring det meste af sin forskning (og i sit forfatterskab) tilbyde nogle væsentlige vinkler på og greb til fx, hvad der kan og skal forstås ved 'sindssygdom' og 'diagnose', hvilke magtformer der er tilstede i relationen mellem terapeut og klient, samt hvad det er for nogle socio-kulturelle koder og diskurser som præger og gennem-strøm-mer den terapeutiske proces.

Hele salen rejste sig op! Vi klappede, og Dr. Zinglehacker smilede, og hvis det havde været muligt at omfavne hin-anden, så var dette formentlig sket. (Jeg havde måske givet op, aldrig rigtig troet på dette, at jeg skulle levere noget stort med mit liv. Jeg forblev passiv, tog hjem og tænkte lidt, og glemte). Jeg kom mig måske aldrig rigtig, var aldrig kommet.

"Således", som de fortsatte, "kan denne magt-orienterede so-
cial-filosofi tilføre en række vigtige overvejelser og metodiske
greb indenfor den terapeutiske praksis, som fx at få stillet
skarpt på de brydningspunkter som muliggør en åbning i (og
brud med) bindende strukturer i dialogen og menneskelivet."

Dr. Zinglehacker rejste sig nærmest svedigt op og tog bril-
lerne af ... Gruppe 5 fortsatte ufortrødent: "Her kan nævnes
følgende vigtige arbejdsområder" ... og skrev på en *flipover*:

1) at skabe omvæltning
2) at dyrke manglende sammenhæng
3) at tilbyde ord/udtryk, der effektuerer produktive forskelle
4) at invitere til yderliggående refleksioner.

... og afsluttede med det, man måske kunne kalde for finalen:

"Grundlæggende og gennemgående set handler dette perspektiv om
at forstyrre, udfordre og ikke mindst irritere praksis (på en varsom
måde) med henblik på, at nye udfalds- og mulighedsrum kan blive
til for tanken, talen og handlingen hos både klient, terapeut og
relationen derimellem."

En række temporale forskydninger og kredsløb

Ja, det kan godt være at jeg ikke helt fik præciseret resultaterne og egentlig grundlæggende set ikke formåede at få formuleret hvad hele denne konference på Harvard faktisk handlede om og ikke mindst bibragte, og dette vil jeg således i det følgende nærmere råde bod på, da det viser sig at det afstedkom kaskader af opdagelser og opfattelser, som stadigvæk river rundt i mit sind ... river mit sind rundt...

Jeg tænker fx på at det først gik op for mig at hele det almindelige familie-terapeutiske aspekt forsvandt og var særdeles fraværende på dagene i Boston, men også at jeg helt glemte, hvad der egentlig skete på tredje-dagen, efter alle de fascinerende indlæg på anden-dagen; hvad var det, der skete da Dr. Zinglehacker på et tidspunkt, i forbindelse med et spørgsmål, der blev stillet i salen, inviterede mig op ved sin side? Han og jeg forsvandt ind i hinanden; "var det mig?"

Jo, jeg glemte det, og det var først da jeg var kommet hjem og nogle uger gik, og et væsen i min nærhed fik mig til erindre, at jeg aktiverede en art ihukommelse, og så for mig, mig selv sidde ved hans side, foran alle de andre, og mærke at hans spørgsmål ligesom sugekopper satte sig fast på mig og borede sig ind i mit sind, at jeg forstod at hele denne historie og opgave ikke handlede om andet og andre end mig. Jeg blev helt fortabt, og mistede mit spektrum, mit håb, mit liv, min væren.

Ikke desto mindre fortsatte jeg jo, som vi andre gør, med at trække vejret, fortsatte vores færd, og færden, og jeg forstod stadig intet, intet mindre end at jeg kom hjem og var blevet dybt forelsket i Barbara, vi var gået hen og blevet gift, og hvordan kunne jeg dette, da jeg jo vidste, at hun var gået bort i en alder af 8 år? Ja, det fortsatte, alt dette som Zinglehacker havde fortalt os, nemlig om at hele livet *er* hele livet, og at vi lever det hele, hele tiden, således at alt hvad der sker, hele tiden sker med os alle, hele tiden. Og dermed også mit ægteskab med Barbara, og dermed også hele katastrofen; at vi ikke forstår noget som helst, så snart og sålænge at vi lever i det liniære og mere rationelle spor. Her ser vi blot snævert...

Lad mig prøve at forklare: vi er alle døde, og vi er alle levende, og alt foregår hele tiden, *hele* tiden, vi kan alle hele tiden blot koble og forbinde eller lade være, og hele denne psy-kotiske livsførelse formår ikke at tilgodese dét, som Zingle-hacker, kalder den socio-kapitale spiritualisme, dvs. at noget kræver disse energiers fokusering, med henblik på gevinst, magt og dominans, styring og i øvrigt sker meget af dette livs-spektrum intet-anende, og jeg fandt frem til at hele pointen med "HIB-syndromet", sådan set i princippet blandt uende-ligt mange andre "tilfælde", siger os noget om den spirituelle kriminalitet, der konstant foregår og altid har foregået... en art sjælelig udpinsel; at udmarve, udsuge livet... udpine os...

Derfor er det mest interessante måske at denne oplysning kunne og kan lade sig gøre på selveste Harvard, at en flok mennesker fra nær og fjern formår at mødes i en afskygning, i en oase, i livets ørken, og indse at vi alle er en uendelig lang række former for kausale mønstre, som, hvis vi ikke tager af-fære herpå, blot lader os fortsætte med at være underlagt e-nergetiske bevægelser. Forbløffet, forbavset, og så alligevel så tæt ved, hvad vi hver især aner. Opfattelsens mysterium...

Vi kan jo bare holde op, skabe *momentum*, sætte os selv til side, informere, bremse og bryde, *u name it* ... vi kan se på hvordan diagnose-systemer fjern-betjener os alle, hvordan vi tænker overlevelse i brancher af overflod, bliver ved med at lave relativt hule forløb, som cirkulerer liv og opmærksomhed rundt i livets cirkus, manéger og menageri...

Jeg kom i krise, og vidste faktisk ikke helt hvordan mine *findings* skulle præsenteres for bedømmelsesudvalget, og det endte da også med en dyb form for fejlslagen strategi; jeg mistede fodfæste, døde ud, gav op, fik *meta-stase*, og var ved at forsvinde bort i dødens liv, men noget kaldte mig tilbage, og gav mig muligheden for at få hele tilværelsen til at blive mulig for alle, for alle, der gerne vil høre og forstå, hvorfor vi har det så svært med at hænge sammen; vi hænger ikke sammen med os selv, eller med hinanden, vi er i en konstant bevægelse, og hele tiden i forladelse og i imødekommelse; passerer igennem os selv og hinanden. Det kan godt være at det blev for meget, og alligevel forblev for lidt; men ordene kan sige meget og knap nok noget... jeg kom vist nok aldrig i mål med min post. doc., men jeg skete... blev til på ny... en anden...

Kort og godt om multi-personalitet og ontologisk knas

... der gik formentlig en rum tid førend at jeg kom til tasterne igen efter min hjemkomst fra Boston. Hvordan skulle jeg dog kunne sammenfatte alle de oplevelser, og hvordan kunne jeg i det hele taget gøre det videnskabeligt interessant og relevant. Det lykkedes ikke ... ærlig talt, så dumpede jeg durk ind i depression, da afslaget dukkede op med konstateringen af at afhandlingen ikke var blevet godtaget, og i alle de perioder med opgivelse og fundamental tristhed, kom jeg frem til, stille og roligt, som en sjælelig begivenhed, som gror i græssets tempo, at jeg dukkede op som en anden, og gjorde de tanker som fulgte med til den kappe og de relæ, der gør det muligt at rumme smerte og frustration, for hvad var alternativet, hvad er der ellers at gøre anderledes, end at støbe sig på en sådan måde at alt oplevet stadig kan bebo ens værens-form; hvordan komme videre, og komme forbi al den manglende forståelse, dybe ødelæggelse, slippe skylden, forlade skammen, hadet, og acceptere, tilgive alle fejlene og hele det magt-liderlige og forfængelige spil; hvordan er det muligt at holde sammen på sig selv i og som en sønderrevet figur, når tab er uoprettelige og måske endda utilgivelige? Træk vejret, lyt til

livets smukke sang og klang, håbet spirer, gror og giver næring selv i fortabelsens stunder, og samtidig altid og nærmest hele tiden høre de mange stemmer fra Boston, Harvard, hele den familiære mumlen, og al den myldren rundt i en uendelig hvilende fred, hvor kvælningen af en selv og ens værensgrund, griber den ubønhørlige hævntørst på en sådan måde, at man ikke kan andet end bare håbe på i al evighed, at alle bliver kvalt i deres eget pis og papir og selv-højtidlige lort og lir, og al den vrede og indestængte damp af forbitrelse drev rundt i ... og med ... mig i mange år, indtil nogle begivenheder indtræf i form af menneskelige henvendelser, fx et par opkald, fx et møde eller to, mere eller mindre tilfældige, ja, netop *apostrofen, amnestiet*; interessen begyndte at få mit liv til at ske igen, følelserne genopstod på et nyt og anderledes grundlag end tidligere, og da jeg kom forbi den milepæl, hvorpå der altid står, og altid vil stå: "rend mig i r....", begyndte frihedens kald, steppernes horisont, at kalde vingerne frem, og i tiden der kom, løb jeg rundt på *pusztaer* og trænede spring-teknikker, min helt egen flyvekunst, med rigtige sjæle-vinger, og hver dag der gik, fik og sendte jeg beskeder...
... *fade out again* ... således knas i maskineriet, fundamental *bi-*

furkation, sand og grus, manglende olie, og forladelsen fra alle stammerne, hengemte som et dannende og erindrings-krævende ekko i et sind, hvis eneste tanke bestod af, at genbesøge Dr. Zinglehacker i Tyskland, hvor han boede ... endda i nærheden af en anden stor tysk mester, nemlig Dr. Heidegger, således drog jeg en tid rundt i Freiburg og dertil hørende omegn, slentrede, spadserede og vandrede afsted i "Sorte-skoven", mødte både ingen, og nogle, mindre knotne scenarier a la fotografisk plamage (Tysk: *Blamage*; skam-plet), dvs. dyb misbilligelse fra sære skov-nymfer, som igen og igen hjemsøgte mine skov-stier, og hvad angik selve mødet med Hr. Zinglehacker, så indtraf de vitterligt grundlæggende set "blot" 3 gange i ene-rum, resten var sådan lidt mere omkring-sig-værende *notabene & falbelader*:

1) Brast jeg i gråd; halvanden times hulken
2) Røg rundt i rummet; i slåskamp med ham i et par timer
3) Den sidste gang vi mødtes; efter at jeg havde forberedt mig en hel dag herpå, sad vi i ro og mag, drak the, i omtrent en time, og talte om familier, publikum og:
Spiritual enlightenment, the full comprehension of a situation...

Mulige skånsomme og morsomme tankeforbindelser

Så, hvorfor skulle jeg blive her? ... Fuld stop! ... har virkelig ødelagt det hele, bare vi kunne gøre det om igen; fortrydelsen, det er jo bare for sjov, og noget vi leger, jo, til en vis grad, men der er jo en dyb alvor i tilværelsen, og således må denne lune form for seriøsitet og humoristiske strenghed forfølge os i opgangene og gennem nedgangene, og føre os helt tilbage til det andet sted, hvor vi således må give slip, være barn igen, stjæle sjæle, nej, lade os genvinde kontrollen, og fortælle hele hemmeligheden, alt det jeg vil, hele blokken helt fyldt op og blokeret, flyder ned dertil, hvor jeg ikke længere er her, lige dertil, hvor det ikke længere sker; hvor intet er...

I denne lille verden er jeg forsvundet, hvor momentet er passeret, væk, der er jeg ikke, her sker jeg ikke, det sker ikke, distant og stærkt hænder det i det fjerne, men jeg er her ikke, der er intet af det, der indtræffer, som foregår, Barbara min elskede, vi blev jo gift i Paris. Gjorde vi ikke?

Der er en kløft herimellem, du og jeg, hvor jeg slutter, og hvor du begynder, jeg er virkelig ked af, at det kom så vidt, min kære Barbara, hvordan skal jeg dog kunne gøre det godt igen, jeg er jo kommet helt væk, oppe i skyerne, men jeg kan ikke komme ned igen, åh, hvor kunne jeg dog være så dum og grum, du forlod mig helt alene, og tårene driver mig afsted i en nærmest falset-lydende forhåbning og fortvivlelse, kan du dog overhovedet ikke komme tilbage, jeg ved at du er der, altid vil være der et sted, at du elsker mig, og hvert øjeblik det skal være, og kan være, kommer på besøg og æder mig levende, vi sluger hinanden, værende, spiser dig i levende live.

Således danser du (med) mig afsted, i al evighed, i en lang fortrydelses-affære, klagende sang, en messende smuk form for smerte over livets uigentagelighed, hele denne kontante erfaring og dybe registrering af skylden og skammen, driver os rundt i harmoniernes resonanser, og opholdets mislyd river hjertet ud, slår tungen af led, og vi mister herved vores enestående mulighed for at sige, hvad det grundlæggende set er, som vi har på hjerte. Sfæren af *fuscum subnigrum*...

Det er om noget sørgeligt, dybt bevægende, rørende og helt igennem patetisk, et liv i klage, en skingrende anklage, som synd, som seriøs hønsegårds-kagleri og undulat-skrapperi, hele dette rapperi, denne raptus lige *in the face* ... lad os bare komme tilbage, ringe til en doktor, og holde verden stangen, ikke længere mere ødelæggelse, skifte *gear*, finde nye plader, hitte en helt andet akkord-rundgang, lad os nu bare synge, hjertet helt ud, gribe hinanden i tilværelsens evige fald, kyle os ind i og ud af al det *fucking shit*, som vi har fået skrabet sammen, holde verden helt ud(e), i strakt arm, ring nu bare til mig, hvor er du, Barbara, kom nu bare hjem... til mig...

... falde til ro ... i lidelsen, en skudsikker plan, dæmrer i sindet, lad mig som en anden Romeo, din helt egen pilgrim fra Rom, som en alkoholisk drik, en teknisk hukommelse og et centralt sted, nærme mig dig igen, jeg springer bort, og hvad ser jeg, andet en engle, som svæver med mig, alt det som jeg plejer at se, hele min kærlighed tager jeg med mig, hele fremtiden og fortiden forsvinder med mig, i mig er der intet at frygte, intet at gøre, blot en faldende klang ned i floden, hvor englene svømmer med mig, vi bevæger os afsted i de sange som jeg sang i livet. Jeg kommer ikke tilbage, aldrig mere, tænker på dig hele vejen til havet, leger med mig selv...

Den dag maren rider forbi ... og (for)bliver væk...

Jeg har tænkt på dig, hvordan kan du dog sove, skal jeg igen kysse dine fødder, men du er vel ligeglad, jeg finder stadig ingen hvile, savner dig, men hvad bryder du dig om det, når jeg jo alligevel ikke er der mere. Jeg har tænkt på dig. Du er en rigtig lurendrejer og en drillepind, dine kneb og fup-numre har længe spillet mig ... og os ... et puds, men nu må dit oprør mod den herskende tilstand høre op.

Bare fordi at du føler dette, er det jo ikke det samme som at det er der. Der er altid et tegn i kraft af din gysen og omvandrende katastrofe, og denne bekymring og modgang medfører en dyb ensomhed som følge af at dine uklare stemmer gør mig forvirret og ængstelig, jeg venter i nat på at du forsvinder fra mig, rider væk, jeg vil gerne have at du eksploderer og flyder rundt i overfladens brist. Hvis du vil have mig, kan du fand'me bare komme og finde mig, jeg venter klar med en *gun* ... og nogle *sandwiches*, og ellers intet. Ellers Intet. Vil du tage mig igen, så kom og bryd mig sammen igen, slå døren ind, jeg er klar, jeg er så klar, så klar ... helt u-klar...

Jeg vil gerne have at du ved, at jeg ikke kommer tilbage, og at jeg kigger ind i hovedet på mig selv, og aldrig kommer tilbage til dig, og hvis vi skal kaste med knive og fange mus, så kan du bare putte det hele tilbage i din egen mund, jeg har fundet min *radius* i mit hoved, hele denne radio i hovedet, er måske ikke helt min radio-kanal, men den gør det umuligt for dig at trænge ind i mine tanker, og derved kan jeg ubesværet vandre rundt i livets parker og være sammen med *citerende* cikader, du skal derfor vide at selvom der måske er dolke i luften og katte i sækken, og ræve-kager, så kan du bare placere dem i de anlæg, som du vil, for jeg anfører uden tvivl følgende:

Netop når du tager min hånd, og spiller din sang med din stiksav, og får dit fokus tilbage i mig, bliver hele dette sted hvor vi mødes, til vores mission og kamp-plads, og netop her, inden du stikker afsted herfra, netop, når hele *beatet* kører rundt og rundt, så skyder jeg dig, og lader det hele løbe ud, før du løber bort fra mig igen, smadrer jeg dig, lige til du ikke længere kan og nogensinde igen vil kunne danse, valse, steppe på mig; jeg tager din stiksav og prikker den tilbage i det puslespil, som altid har været dit, og som aldrig var mit.

Herved er stedet, hvor jeg endelig kan sidde og være mig selv, blevet til mit sted, ikke mere hjemsøgt, aldrig mere nogle forsøg på at nå dig igen, dette sted som ikke længere gør ondt, hverken dig eller mig igen, jeg sværger at jeg kommer til at savne dig, men tiden er kommet til at komme hjem, tage hjem til hvert vores sted, og leve hver for sig, helt nede på bunden af havet; *fuscum subnigrum*; den mørke bund, tømme alle vores lommer, og tage hjem, lad det være, slip det sidste, lys det op, dit sted, for dig selv, alt forladt, og hold afstand, så lyst og roligt, og ingen kærlighed og vilje, ophæv trold-dommen, slip hinanden fri, frelsende sang og tonekunst, hold derfor din yngel væk fra mig, og alle de bevægelser, der ligger i kærlighedens vinde og vingesus, jeg snurrer bort nu, som en anden *dervish*-danser, helt og aldeles i ... og omkring ... mit eget centrum; kernens inderste brændpunkt...

Jeg vil ryste mig selv, uden dig i min nærhed, ruske mig selv til jeg helt forsvinder om nødvendigt, indefra mit eget hjerte, hvorfra jeg slipper dig fri, som en anden *elliptisk epilepsi*; et selvbestaltet anfald af snurren indefra, (om du vil) uden dig.

Efter(be)arbejdet.

Søde drømme. Hvis du tænker at du er stærk nok, og hvis du tænker at du kan komme langt nok, så hør bare videre herfra:

Søde drømme, søde, søde drømme. Drømmene om styrken, indsigten, viljen til at fatte sammenhænge, og noget over-hovedet, ønsket om at forstå denne mumlen og alle disse murmeldyr, pattedyr af gnaverordenen, hele den flok af bjergmus som flokkes i tilværelsens sange, om de så end brummer, taler utydeligt, knurrer eller mukker, så er det ikke helt muligt at sige præcis, hvad der får mennesker til at skrue nedadtil, slappe af og falde nedover, og hvad der får mennesker til at besøge steder fjernt fra deres dagligdagssfære for deres fornøjelses skyld, dvs. være eller blive en rejsende, en decideret *hospitant* i eget liv, sådan bare rigtig slappe af og falde til ro for sin lyksaligheds skyld på nogle fremmede steder; slap nu bare af, og forklar, hvad det egentlig er, som det hele går ud på, alt det der med C. Falkenberg, Berkowich, Zinglehacker, og mig selv, Jonathan Lee? Hvem er vi, hvad skal vi, og hvorfor er vi her? ... TRØSTESLØSHED ...?

Jo, det lette og meget enkle svar vil nok være "kedsomhedens vandringer", hele denne ensformighedens held og lykke, *lucky punch u know*, og det måske noget mere kompliceret svar sigter efter at få trukket os ud af hele styrtet, specielt dem af os, ved hvad der henvises til, når vi har prøvet, eller ligefrem oplever igen og igen, at vi befinder også på grænsen, kanten, på spring, alle os som ikke længere har tid til og lyst til eller mod på bare at vente, bare at blive, men kan mærke at heldet er med os, så hvis vi springer, så flyver vi væk, helt væk, men der er også nogle af os flyvende sjæle og engle, der vender om og kommer tilbage, hører menneskenes klagende sange, og kommer og trækker folk ud af lufstødene, lige dér, hvor vi ... og de ... står på kanten af havet, evigheden, tomheden, andetheden, friheden, springet, så er vi klar; *just jump!*

Alting, alting, alting, synes jo hele tiden altid at befinde sig på de rette pladser, og alligevel kan man vågne op om morgenen, om natten eller i løbet af dagen badet i sved og fuld af bekymringer, og alting synes pludselig ikke helt rigtigt at være på de rette pladser; er det bare i hovedet at det er sådan?

Og hvad er det som du prøver at sige, når du gerne vil sige noget herom, om denne oplevelse, hvor går du hen hermed?

Hvor kan du gå hen med den oplevelse af at være så klar til at springe ud, og alligevel befinder dig stivnet og forfrossen, marmoreret, kalkeret, kan ikke rigtig komme afsted, for hvordan folder man vingerne ud, hvor sidder de muskler, og hvor sidder de signaler, som skal aktiveres, ligesom når man skal løfte en arm, gå på og med sine ben, skrive med sine fingre; hvordan folder man sine vinger ud? Og resten er bare stilhed, sagte susen i vinden... Platon, *Faidros*, kærlighed, engle..?

... jo, jo, men hvad med "Opdagelsen", den gådefulde novelle, og hvad med "Opkaldet", dvs. hele historien som jo begynder med, at Claus Falkenberg bliver ringet op, og så videre, og hvad med Lars-Erik Berkowich's fabelagtige ballade? Der må da snart komme et svar, en slutning, en ende herpå, hvem er hvem i denne syge-historie; *anamnesen*; erindringen, hvad siger den os? Hvem er du/jeg, Jonathan Lee? *Oceanisk larum* (en hav-måge på selvforsvarets mark?). Kamp-disciplin og ager-brug? Splitte min bramsejl, helt ude i hampen, forbi hegnet...

Bortgang: om spaltninger og meta-morfoser

Således står det til med slaget: vi ved med sikkerhed, at der skete noget rigtig uheldigt og sørgeligt med Barbara; hun døde med en sort bonde i halsen, og derfra hober mystikken og det uafsluttede sig op, fx hvordan er forholdet mellem C. Falkenberg og Berkowich? Og hvem er jeg, Jonathan Lee, som skriver denne novelle? Og hvordan var det nu lige med alle dem som C. Falkenberg mødte i "Opdagelsen"? Og Boston, Harvard; var det et tilfælde ... skete det virkeligt? Er Dr. Zinglehacker pure opspind; og i så fald, hvis pure op-*spin*?

Blev der spillet skak, hvem så C. Falkenberg gennem vinduet, og hvad med kvinderne, opkaldet fra Norge, kvinden i huset, opkaldet til C. Falkenberg; var det den samme kvinde, Barbara's genfærd? Og man kunne måske blive ved, jeg kunne måske blive ved, og samtidig påminde om, at en del også uden tvivl foregik på indersiden; men på hvis inderside?

Spørgsmålene tumlede rundt med mig, og jeg måtte derfor foretage to drastiske beslutninger, 1) denne beslutning gik mere i konkret, fysisk (be)retning, 2) denne beslutning gik mere i abstrakt, metafysisk (be)retning. Lad os tage den materielle først. Jeg tog til Islev, og spadserede rundt i det område, som C. Falkenberg havde beskrevet, satte mig på en plads i nærheden, og overvejede, på den bænk som jeg befandt mig på, om dette var den eneste og måske sidste gang, jeg kom hertil. For mens jeg sad og kiggede på skader og ravne, sneg det langsomt op i mit sind, at det forekom mig, at jeg havde været der/her før, at jeg vidste hvor det var, at jeg var, og at det hele var sket heromkring. Og derfor rejste jeg mig uden tøven og gik hen til det hus, hvor C. Falkenberg havde været, og hvor Barbara formentlig åndede ud, og bankede på døren.

En venlig, gråhåret mand bød mig med hjertelig mine og rolig stemme velkommen; jeg var ventet. Jeg gik ind i entréen, og tog mit overtøj af, hang min frakke på knagen ved siden af det som manden betegnede som sin krog, og gik nærmest hjemmevant ind i stuen, hvor en flaske rom og et skak-spil stod klar og ventede på spisebordet. Jeg fik prompte befaling om at hente to glas at drikke af ovre i hjørneskabet. Og det lød på beskeden som om, at jeg godt vidste besked om, hvor de stod. Have jeg vitterlig været her før?

Alt virkede rigtigt, selv mit sind studsede ikke over noget, og vi trak lod om hvem der skulle starte spillet, dvs. hvem der skulle være sort eller hvid. Jeg trak hvid, og manden smilede forsigtigt frem for sig alt imens han med stor koncentration fyldte vores glas med rom. Affærens gentagelse?

Således gik eftermiddagen og aftenen med tale og tavshed, med bevægelser henover skak-brættet, og af og til ud i haven for at tænke og trække noget frisk luft. Måske kendte vi hinanden rigtig godt, måske gjorde vi ikke, men vi spillede spillet, havde det rart, og virkede til at vide alt om, hvad der var sket, og hvad der ville ske, nærmest som en art transcendental form for eksistentiel tryghed. Os to altid sammen?

Dette førte mig til min førnævnte anden beslutning af mere abstrakt og metafysisk art, nemlig som en støt stigende undren over spillets og fortællingens, perceptive dimensioner. Det var som om at noget mere og mere trængte sig på, perforerede mit sind og stofligheden i den fysiske iagttagelses-form, som om et lys ligesom begyndte at inspirere gennem en materielt betinget inderside-tapetsering, og selvom der fx kunne være blevet set håndbold og/eller fodbold på tv, selv-om der blev spist frost-pizzaer, og chokolade-kiks, og drukket kaffe, og selvom der også kom øl og rødvin på bordet, og ha-ven fx blot var en helt almindelig, småborgerlig have, virkede det som om, at noget forsigtigt trængte igennem, og det var hverken ideerne om en skak-klub, om arkiver eller fragmen-ter, eller den mulige gysning i forbindelse med at kigge over skulderen og se et menneske kigge ind af vinduet, eller måske endnu mere dirrende og skælvende, at pludselig indse at man altid havde været alene, at der blot var én hjemme ... og aldrig nogen anden. Ens eget livs skak-spil...

Hverken den oversanselige *osmose*, eller den social-psykolo-giske *duplik*, den forskudte eller for den sags skyld sammen-voksede og muligt forsonede *dublet*, var det mest hutrende eller sitrende, eller for den sags skyld det øjeblikkelige ind-fald af at vågne op i en *lakaj-skikkelse*, i en anden verden, eller være Barbara, som en art *fantasmens fantom*, nej, det var den drøjere og slidfastere, fremvoksende fornemmelse og opfattelse af, at hele tilværelsen, måske grundlæggende set er *homolog* til "de russiske dukker" ... men i *invers* indhold. Lad mig her på denne næst-sidste og denne næste og sidste side uddybe, hvordan det måske kan lade sig gøre at opfatte:

I stedet for at opfatte *opdagelses-rejsen* som en indadgående bevægelse, således som at komme længere og langvarigere ind til den inderste og i sidste ende sidste dukke/skal, og i stedet for at opfatte opkaldet som et indefrakommende opkald, men i stedet for som et oppefrakommende opkald, sigter den trolddomsagtige forestillingskreds efter at tydeliggøre en opfattelse, hvor C. Falkenberg var den mindste dukke, Berkowich den næst-mindste i rækken, og jeg den største dukke, hvilket selvfølgelig åbner for spørgsmålet om, hvem der er den næste størrelse og form for dukke?

Hvem er du, der får mig til at tænke og blive til det, jeg gør og er? Hvem er jeg på vej til at blive, og samtidig den jeg er blevet til på baggrund af? Jeg har en stærk fornemmelse af, at du kan mærke mit opkald til dig, og ved at jeg har sporet dig.

Min opfattelse af at blive dechifreret af noget eller nogen anden end mig selv, nogen eller noget som dels rummer mig, anstifter mig, og dels til en vis udstrækning bliver til sig selv i takt med at jeg bliver mere og mere helstøbt, får mig til at spørge dig; hvem er du? Hvem er det, der får mig til at blive til (i) denne fortælling, og det aner mig, at selvom at du kunne og ville svare, så ville du eller det ligeså befinde sig i samme situation som mig, nemlig som omfavnet af en større dukke, hvis konturer måske blot befinder sig på et relativt vagt beskikket niveau.

Hvis du evnede og ville svare, hvad mon du så kunne sige, eller hvad ville du gøre, og hvad mon der ville blive af mig, hvis du således kunne bryde igennem; ville jeg forsvinde, blive elimineret, miste betydningen og grunden til at være (mig)? Eller ville jeg ophæves i den værensform hvormed du består? Jeg aner at den *tekstur* hvorunder og hvor indenfor jeg befinder mig af *semi-spatial og kvasi-temporal pseudo-livsform* langt fra nærmer sig den *multi-laterale dimensionalitet* som min ophavsmand eksisterer som, i og under. Hvis du kunne træde frem og sige hvem du er ... ville jeg blive væk ...